AF243315

I 27 n
22458

PANÉGYRIQUE

DE

SAINT VINCENT DE PAUL

PRONONCÉ

EN L'ÉGLISE DE SAINT-GERMAIN

Le 22 Juillet 1866,

DANS L'ASSEMBLÉE DE CHARITÉ

En faveur des Familles secourues par la Conférence de Saint-Vincent-de-Paul,

Par M. l'Abbé CHAUVEL

Vicaire général de Versailles. Curé de Saint-Germain-en-Laye.

Dilectus Deo et hominibus.
Il est chéri de Dieu et des hommes.
(ECCLES. XLV, 1.)

SAINT-GERMAIN

H. PICAULT, IMPRIMEUR-LIBRAIRE-ÉDITEUR

RUE DE PARIS, 27.

1866

Ln 27
22458

PANÉGYRIQUE

DÉPÔT LÉGAL
Seine & Oise
N° 935
1866

DE

SAINT VINCENT DE PAUL

> Eleemosynas illius enarrabit omnis Ecclesia sanctorum.
>
> L'Assemblée des saints publiera ses aumônes.
>
> (*Ecclésiastique*, xxi, 11.)

M. F.

C'est surtout dans les jours d'affliction et d'épreuves, que le nom des justes revient au souvenir des enfants de Dieu ; c'est lorsque le bras du Très-Haut s'appesantit sur son peuple, lorsque tous les abîmes de la misère semblent s'ouvrir et ne cacher au monde rien de leurs secrets lamentables, c'est alors qu'il est utile de publier les aumônes des justes. Le nom des Bienfaiteurs de l'humanité se mêlant aux plaintes de ceux qui souffrent, aux soupirs des âmes charitables, apporte aux uns plus de patience et d'espoir, aux autres plus de force et de volonté.

Et quel nom plus digne que celui de saint Vincent de Paul, de rappeler en même temps et la résignation dans les épreuves, et la persévérance dans les œuvres de charité? Quel souvenir plus généreux peut nous faire compâtir aux besoins spirituels et corporels de nos frères?

Devant cette vie du grand Serviteur de Dieu, je me sens arrêté, effrayé... que puis-je, dans ma faiblesse, que puis-je vous dire qui soit digne de cet immense sujet? digne surtout, M. F., de la pieuse disposition avec laquelle, pour célébrer dignement la fête de l'illustre Patron de la charité, vous apportez ici votre concours à une œuvre de miséricorde fondée sous le nom et le patronage du saint Prêtre, et, qui de la France son berceau, s'est répandue dans tout l'univers, et fait bénir le nom de saint Vincent de Paul, partout où se rencontrent des cœurs à consoler, et des infortunes à secourir.

En voyant tout ce que l'ouvrier de la Providence a pu accomplir ici-bas, nous sommes forcés de nous associer à cette parole de l'Église : O Vincent, Dieu lui-même vous a choisi, *Vincenti, tenuem te Deus extulit!* Oui, le Seigneur, dans son amour pour nos pères, a appelé Vincent de Paul, et le Bienheureux a répondu à cette vocation, et il a marché devant Dieu dans une voie difficile, et c'est alors que Dieu a fait un pacte avec lui, et qu'il a multiplié ses désirs et ses œuvres.

C'est pourquoi, développant cette double pensée, je me propose de vous rappeler, M. F., que ce fut par de nombreuses épreuves que Dieu prépara Vincent de Paul, et que le saint a été formé par Dieu, parce que dès le principe il sut répondre à la grâce de Dieu. Nous le verrons ensuite agissant sous la main de Dieu, et opérant des merveilles de conversion et de charité, parce qu'il conserva toujours en lui l'esprit de Dieu.

Mais traiter en quelques mots de si importantes questions, sans faire aucun retour sur nous-mêmes, serait de peu d'utilité pour le salut de nos âmes ; le récit des grandes œuvres de saint Vincent de Paul pourrait sans doute ranimer dans nos cœurs l'admiration et l'amour que nous lui devons, mais il ne faut pas oublier que si Dieu ménage à la terre le sublime spectacle d'une rare vertu, c'est pour exciter en nous quelque chose de plus utile qu'une stérile admiration ; c'est surtout pour répondre à nos excuses d'impuissance, c'est pour nous faire rougir de notre égoïsme, c'est pour nous apprendre à vivre d'une vie véritablement chrétienne et charitable.

Aussi, M. F., de temps en temps nous nous arrêterons dans cette carrière, nous nous souviendrons de l'œuvre sainte à laquelle nous devons coopérer, si nous voulons rendre à l'illustre Patron de la charité le plus digne hommage. Des hauteurs où l'esprit de saint Vincent de Paul nous aura emportés à notre insu, nous abaisserons un regard sur nous-mêmes, sur les faiblesses de notre vie, et peut-être qu'alors, quelque honte, quelque bon désir montera jusqu'à notre cœur.

Ainsi, saint Vincent de Paul, formé et disposé par Dieu, sujet d'une première réflexion.

Saint Vincent de Paul agissant conformément à l'esprit de Dieu, seconde réflexion.

Implorons. . . . . *Ave Maria.*

PREMIER POINT.

La conduite de la divine Providence dans les affaires de ce monde, M. F., confond tous les calculs de la sagesse humaine. Pour s'en convaincre, il faut se rappeler que souvent, dans des jours de lutte et de malaise, les nations ont paru abandonnées sur le bord des abîmes, comme des troupeaux sans pasteurs. Lorsque dans une nation, il n'y a plus rien de stable ni de fixe, lorsque toutes les vérités sont tombées dans le domaine d'une basse et vulgaire controverse, que l'erreur a pénétré jusqu'à l'humble foyer de la famille, que les puissants du monde se sont livrés à toutes les fureurs d'une ambition démesurée, que les conducteurs du peuple dorment d'un sommeil d'indifférence et d'aveuglement, il semble alors qu'aucun principe, aucune force, aucun évènement n'est capable de faire éviter l'affreux écueil vers lequel chacun se sent fatalement poussé. Quelle puissance, en effet, peut arrêter cette nation sur la pente de sa ruine? qui peut dissiper l'orage qui du haut du Ciel se suspend et menace? qui peut découvrir et signaler du sein des plus épaisses ténèbres un nouvel horizon d'espérances?

C'est alors, M. F., que le Seigneur apparaît dans la plénitude de sa puissance et de sa miséricorde. Car le Seigneur se souvient toujours de son peuple d'Israël; s'il a des trésors de vengeance pour le punir dans les jours de ses dissolutions, il a aussi des prodiges de clémence pour le ramener à la vie, pour lui rendre tout-à-coup son espoir, sa dignité, sa force. Saint Vincent de Paul est un de ces prodiges que Dieu suscite de temps en temps pour ranimer les nations. Si vous en doutez, M. F., jetez un coup d'œil sur l'état où se trouvait la France à la fin du seizième siècle. L'hérésie avait séduit et dépravé non seulement une aveugle multitude, mais des Princes, des Magistrats, des Docteurs; elle comptait des disciples jusque sur les marches du trône ; une guerre lamentable armait les uns contre les autres les enfants de la même famille, et à la suite de cette guerre, marchaient partout la spoliation armée, la corruption impunie, la famine, la misère ; et à cause de l'étroite liaison qui est entre le Sacerdoce et l'Empire, les coups qui tombaient sur l'un ne pouvant être que funestes à l'autre, un grand nombre d'églises se trouvaient privées de pasteurs, les pauvres habitants des campagnes languissaient dans la misère et l'ignorance ; les habitants des villes ne recevaient plus le pur froment de la sainte parole. Les mœurs publiques, vous devez le comprendre, M. F., avaient reçu un fatal contre-coup de tous ces bouleversements, et d'après les écrivains de l'époque, le bien était si rare qu'il passait pour extraordinaire.

Telle était la situation des choses, lorsque Dieu fit naître, au fond des landes de Bordeaux, l'homme qui devait un jour relever les débris du Sanctuaire, peupler la maison du Seigneur de Ministres fidèles, donner à la nation, par une multitude de pieuses entreprises, le moyen de fermer ses plaies, de renaître à la vie, et de revenir aux mœurs antiques qui avaient fait la force et la gloire des siècles précédents.

Mais celui qui devait ainsi sauver l'âme et le corps d'un peuple, M. F., fut longuement éprouvé par le Seigneur ; il se trouva comme abandonné dans les circonstances les plus difficiles, il endura les positions les plus pénibles à la nature humaine ; il semble que son divin Maître, avant de l'envoyer à son sublime labeur, ait voulu, par la résignation et la patience, transfigurer sa nature, et détruire en elle tout obstacle aux volontés célestes.

Saint Vincent de Paul, avant de paraître au grand jour de l'histoire, nous donne donc des leçons bien précieuses et bien capables d'enseigner des âmes chrétiennes. Il naît de parents obscurs et pauvres, mais riches et nobles aux yeux de Dieu, par la pureté de leur foi et la simplicité de leurs mœurs. Dieu distingue au milieu de ses frères le jeune Vincent, il se communique à lui dès l'âge le plus tendre ; ainsi que le Prophète Amos, c'est dans le temps qu'il conduit les troupeaux de son père qu'il entend la voix céleste : Va, lui dit cette voix, va parler à mon peuple d'Israël, *Vade, Propheta, ad populum meum Israël !* (1) Qui aurait pu dire, M. F., que la Providence avait déjà discerné ce petit enfant pour le tirer de sa bassesse, pour l'élever au milieu de ses semblables, et pour en faire un sujet d'admiration et surtout de reconnaissance envers Dieu, *Mirati sunt in illo multi et honoraverunt Deum* (2).

Vincent répondit aux premières grâces du Ciel, et dès l'âge de douze ans, il était déjà pour ses frères et pour les auteurs de ses jours un objet de respect, un modèle de vertus ; déjà, son cœur s'était ouvert aux touchantes émotions de la pitié ; déjà, du sein de sa pauvreté, il avait

---

(1) Amos, vii, 15.
(2) Eccl., xi, 13.

trouvé le moyen de soulager des misères, de consoler
des cœurs affligés et de sécher des larmes ; pour secourir
de pauvres voyageurs, des enfants abandonnés, il se
privait souvent de sa grossière nourriture ; son pain,
ses habits même n'étaient plus à lui, quand il rencon-
trait quelque pauvre sur son passage. Où trouvait-il,
dans une situation si précaire, dans un âge si disposé à
l'égoïsme, où trouvait-il une pensée assez forte pour le
conduire à des vertus déjà si surprenantes ? Il la trouvait,
M. F., dans son amour pour Dieu, et dans la simplicité
que lui inspirait la bassesse même de ce premier état,
simplicité qui fut comme la source de cette profonde
humilité que ni les distinctions, ni les applaudissements
ne purent altérer dans la suite de sa vie.

Voyant bientôt que son enfant joignait à sa charité
une piété tendre et sincère, un esprit vif et pénétrant,
son père comprit que le Seigneur avait visité son humble
maison ; comme autrefois la mère de Samuël, il condui-
sit Vincent aux pieds du Pontife, et le consacra au
Seigneur.

Voilà donc l'action de Dieu qui commence à se manifester, voilà le jeune pâtre arraché à ses premières occu-
pations, et se livrant avec ardeur aux exercices de la
piété et à l'étude des saintes lettres ; mais l'épreuve, la
douleur, l'opprobre l'attendent sur le seuil du sanctuaire.
Car c'est ainsi, M. F., que Dieu se plaît à former ses
Saints ; il les humilie, il les élève tour à tour pour les
détacher du monde, pour purifier leurs pensées et pour
les accoutumer à ne se conduire ici-bas que par des
motifs surnaturels.

A peine le jeune Prêtre a-t-il goûté pour la première

fois dans son âme pure et angélique les ineffables douceurs que Dieu prépare à ses ministres fidèles, qu'il donne un exemple sublime d'humilité et de détachement : sa science et sa piété le désignent au choix de ses supérieurs, qui, malgré sa jeunesse, le nomment à une cure très-importante ; mais apprenant que cette cure est sollicitée en cour de Rome par un compétiteur, il s'en démet, et fuyant les distinctions dont on veut déjà récompenser son savoir et sa vertu, il s'éloigne de cette contrée, et attend dans une humble retraite que l'intention de Dieu se manifeste à lui.

Elle se révèle quelques années après, M. F., mais de manière à confondre toutes nos idées. Ayant entrepris pour une affaire particulière un court voyage sur la Méditerranée, Vincent tomba au pouvoir des barbares de Tunis ; ce ministre de J.-C. vit ses mains innocentes chargées de fers indignes ; il fut emmené captif sur cette plage inhospitalière, et là, privé de toute consolation humaine, soumis aux traitements les plus durs, il ne trouva d'appui que dans le Seigneur. Pendant deux années entières, il fut condamné aux travaux les plus pénibles. Mais du sein de son esclavage, il ouvrit ses lèvres à la sagesse, il fit entendre aux infidèles la Loi du vrai Dieu ; comme l'Apôtre, il les exhortait à faire pénitence et à se convertir au Seigneur. L'exemple de sa résignation adoucit les amertumes de ses compagnons de captivité, et dans ce triste abandon, dans cette infortune si affreuse pour lui-même, il fut pour plusieurs une source de consolation et de salut.

Mais enfin le Seigneur lui tendit la main du haut du ciel, il le prit, et le retira des grandes eaux de la tribulation. Comme David dans la terre des Philistins, comme les enfants de Jacob sur les rives de l'Euphrate, il chantait les louanges de son Dieu. Son maître, ennemi de nature, ainsi qu'il l'appelle, infâme renégat, son maître, dans les vertus, dans l'inaltérable douceur de son captif, reconnut la puissance secrète de cette sainte loi qu'il avait honteusement reniée; depuis ce jour, l'inquiétude déchira son cœur, comme un trait inévitable le remords le poursuivit. Enfin, cédant à l'action de la grâce, il abandonna ses terres et ses richesses; au péril de ses jours, il s'échappa avec son captif, et à peine rentré en France, il courut s'ensevelir dans un monastère, pour y achever sa vie dans le repentir et l'espérance.

Ainsi, M. F., par deux longues années d'esclavage, Dieu éprouve son serviteur, et ce serviteur fidèle qui se voit si tristement arrêté sur la route du bien, qui sent en lui le plus vif désir de mettre à profit pour le salut des âmes et sa science et l'ardeur de sa foi, Vincent, au lieu de s'abandonner à l'accablement, au murmure, ce qui arrive si souvent aux âmes mêmes les plus parfaites, passe ces deux années dans une admirable résignation; il bénit les chaînes qui l'attachent à la terre étrangère, et il ne la quitte qu'en rendant à la liberté des enfants de Dieu, celui-là même dont Dieu s'était servi pour courber sa tête sous le joug de la servitude.

C'est ainsi que dans l'abîme du malheur, le Prêtre de J.-C. prélude au saint ministère de la conversion des âmes, c'est là sa première conquête; c'est ainsi qu'il domine par l'ascendant de sa vertu, qu'il arrache à l'enfer l'âme la plus perverse, la plus endurcie, l'âme d'un renégat! Par cette victoire, n'a-t-il pas triomphé de ce que l'abîme avait de plus fort? Et, dirigeant à travers les écueils vers le port du salut, la barque qui porte son maître, devenu son humble disciple, peut-il redouter encore la puissance des hommes ou la fureur des flots? Ne peut-il pas, au contraire, chanter comme le Prophète: Que mon Dieu soit béni, que mon Sauveur soit glorifié, car il m'a délivré de la poursuite des méchants, il m'a revêtu de force pour combattre, il a fait plier ceux qui s'opposaient à moi, il a soumis à mon pouvoir ceux qui se dressaient contre moi!

Je ne m'arrêterai pas, M. F., à vous dire par quelle suite d'évènements notre Saint se vit transporté à Rome, environné de la confiance des Princes de l'Eglise, et chargé auprès de Henri IV d'une importante mission; la conduite de Vincent dans ces conjonctures nous donnerait la plus haute idée de son détachement; mais ce qui suffirait à embellir la vie entière d'un autre Saint, doit être à peine touché quand il s'agit de saint Vincent. A la Cour de France, il refuse des distinctions, des abbayes, que sais-je?... des honneurs, des bénéfices. Ce qu'il fait alors, il le fera pendant les soixante années de sa carrière sacerdotale, il entrera dans les conseils des rois, il sera consulté dans les affaires les plus difficiles, chargé de pourvoir aux dignités ecclésiastiques, et il restera toujours simple prêtre, pauvre, détaché de tout, et le dernier dans la maison du Seigneur.

S'étant donc acquitté de sa mission, et fuyant la Cour, Vincent, dans Paris, prête l'oreille au bruit tumultueux de désespoirs et de misères qui s'élève de cette ville. Paris où se trouvent pêle-mêle les plus grandes extrémités, le luxe et la détresse, la vertu et le libertinage, les joies du théâtre et les larmes de la pénitence, Paris est un concert d'où s'échappent bien des éclats douloureux, bien des notes plaintives et brisées. C'est surtout dans les grandes villes que pour beaucoup, l'existence n'est qu'un long supplice, un spectre hideux qui se dresse à chaque pas, et dont la vue inspire le désir de la mort. Le moment choisi par la divine Providence est donc arrivé ; celui qui doit porter tant de secours et de consolations au sein de tant d'infortunes, proportionnant la puissance de sa cha-rité à la puissance de la misère, va donc pouvoir enfin s'abandonner à toute son ardeur. Déjà je le vois con-sacrant ses jours et ses veilles au soulagement des ma-lades de l'hospice de la Charité. Au grand étonnement de ces malheureux, il se dévoue à leur service, il adoucit leurs souffrances et leurs peines, les réconcilie avec la vie, verse dans leur âme le baume de la Religion, et leur apparaît comme un ange envoyé du Ciel pour calmer leur désespoir ; le règne de la Charité va donc commen-cer dans cette capitale dont les troubles civils ont multi-plié les plaies et les douleurs.

Eh bien, non, M. F.! Dieu l'arrête encore sur le seuil de sa vocation. L'épreuve qu'il endure alors ferait re-gretter à tout autre les fers de Tunis : si pur, si chari-table, si complètement détaché des biens du monde, Vincent se voit calomnié, accusé d'un honteux larcin, et ne répondant à cette odieuse imputation que par le silence et la douceur, chassé de la maison qu'il ha-bite, ne songeant pas même à se disculper aux yeux de ses amis, il s'en va, pauvre, décrié, mais heureux de ce qui aurait abattu les âmes les plus intrépides, il s'en va relever, évangéliser, régénérer l'humble église de Clichy.

Pourquoi Dieu le frappe-t-il ainsi? Pourquoi ne le laisse-t-il pas suivre enfin l'impulsion de son âme, s'identifier à toutes les douleurs? Pourquoi surtout permet-il que sa vertu se trouve ainsi méconnue, obscurcie aux yeux des hommes? Pourquoi? M. F., c'est là le secret de Dieu!.. Vaines questions! Eh! n'est-ce donc pas la conduite ordinaire du Seigneur? fermerons-nous toujours nos oreilles aux leçons de sa justice? ne savons-nous pas bien que c'est ainsi qu'il forme les instruments de sa providence?

Au lieu de nous poser en juges de la conduite de Dieu, et de caresser ainsi les secrètes infirmités de notre âme, admirons plutôt sa marche miséricordieuse à l'égard de nos Pères. Il fallait pour comprendre l'immensité de leurs malheurs, pour sympathiser à leur détresse, il fallait un Vincent de Paul, c'est-à-dire un homme de douleurs, un homme né dans l'abandon de la misère, passant ses premières années à la garde de vils troupeaux, exposé comme Paul et Ignace aux cruels traitements des barbares, réduit en servitude, cultivant les terres d'un blasphémateur, en but aux traits de la calomnie, il fallait Vincent de Paul, un vrai disciple de J.-C., M. F., voilà la marche de Dieu! C'est ainsi que Dieu confond la force du siècle, et sa sagesse, et son orgueil, par ce qu'il y a de plus faible et de plus méprisé! Il repousse les superbes et il glorifie les humbles, et c'est avec les humbles qu'il frappe et qu'il enseigne les forts, et c'est du sein de l'opprobre et de l'ignominie qu'il se manifeste au monde, qu'il force le monde à se courber sous sa loi, à en reconnaître la vérité, à admirer ses bienfaits ! Heureux donc celui que le Seigneur a pris soin de former, car il a été trouvé fort au jour de la contradiction, et maintenant il va devenir fort pour l'œuvre de Dieu.

C'est le sujet d'une seconde réflexion.

DEUXIÈME POINT.

Assez longtemps Dieu a éprouvé ses désirs et ses intentions, assez longtemps son cœur a été brisé, purifié par les plus rudes assauts. La pauvreté, l'esclavage, la noire calomnie, rien n'a pu ouvrir ses lèvres au murmure, son âme à la tristesse, à l'aigreur ; il n'a recueilli de la souffrance qu'une immense compassion pour ceux qui souffrent, il n'a vu dans les désordres, dans les injustices de son siècle dont il a ressenti les rigueurs, il n'a vu que des obstacles au salut des âmes ; rien de personnel dans ses douleurs, dans ses affections, dans son zèle, dans ses désirs. Et, lorsque le Seigneur, l'arrêtant au moment même où il étendait la main sur la plaie sociale pour la guérir, il se voyait tout-à-coup précipité dans l'abîme de tous les maux, il ne trouvait à répéter que ces ineffables paroles des princes de Juda dans le fond de la fournaise : « Vous êtes juste, Seigneur, dans tout ce que vous accomplissez sur nous, *Justus es in omnibus quæ fecisti nobis.* (1) »

Aussi, conduit par l'esprit de Dieu, partout où Vin-

---

(1) Dan. III, 27.

cent de Paul remplit les fonctions du saint ministère, il ramène à la vérité et à la vertu les pécheurs les plus endurcis, les hérétiques les plus obstinés ; rien ne peut résister à sa brûlante parole, ni l'habitude, ni l'erreur, ni l'indifférence. On pourrait écrire un livre entier, M. F., sur la rénovation complète de la paroisse de Clichy, que le serviteur de Dieu ne gouverna pourtant que l'espace d'une année, mais d'autres prodiges nous appellent à Châtillon-les-Dombes, voisine de Genève, cette métropole de l'erreur.

Saint Vincent apprend que cette ville est devenue là possession de l'esprit de ténèbres, il a hâte de se faire nommer le pasteur de ce troupeau misérable, abandonné sans défense à des loups dévorants, et dont, hélas! les gardiens naturels étaient eux-mêmes aveuglés ou dissipés. Qui aurait cru que cette Babylone d'abomination allait devenir en moins d'une année la gloire d'Israël, et le berceau des plus belles œuvres de Vincent de Paul, que de son sein allaient s'échapper et se répandre dans tout le pays de la Bresse des prédicateurs de la vérité, des dispensatrices de la charité? Ici, ce sont des prêtres, qui au contact de l'homme de Dieu, retrouvant toute l'ardeur apostolique, vont imiter son exemple dans les paroisses d'alentour. Là, ce sont les dames de Châtillon, qui après avoir entendu la voix de leur nouveau pasteur, sortent tout-à-coup de leur long oubli de la loi de Dieu, substituent aux atours du luxe, les vêtements de la modestie chrétienne; aux pensées vaines, frivoles, coupables, les ardeurs de la charité. Vincent leur a fait comprendre, M. F., qu'il faut sauver son âme, qu'il faut servir Dieu, mériter les éternelles jouissances, et pour cela, suivre

J.-C., et pour cela, s'acheminer vers la maison où l'on pleure, et fuir la maison du festin ; et ces âmes si long-temps privées du pain de la parole évangélique, quittent la nourriture grossière des enfants du siècle, embrassent les rigueurs de la pénitence, se soumettent au joug de la foi, et deviennent les coopératrices de Vincent, les pierres fondamentales de sa confrérie de Charité. De cette Ninive convertie, l'œuvre s'étend de proche en proche, et de cette province désolée par la famine et la peste, mais protégée, sauvée par les efforts que peut inspirer la Religion, s'élève bientôt vers le ciel un cri de reconnaissance et d'amour qui proclame la victoire de l'apôtre et qui annonce au loin que l'Évangile opère encore des miracles !

Quelques mois ont suffi à notre saint pour accomplir cette merveille ; en cinq mois, M. F., il a renouvelé toute une province, il n'a plus rien à faire dans cette sainte tribu. Sa voix a retenti dans toute la contrée, elle a été entendue sur la frontière des Philistins, il a ramené dans le sentier de la vérité les victimes de l'esprit d'erreur et de mensonge, il a rendu l'espérance du Ciel à des âmes dégradées par les plus honteuses dissolutions, il a nourri les pauvres de Solyme, *Pauperes Sion saturabo panibus* (1), il a revêtu ses prêtres d'une vertu salutaire, *Sacerdotes ejus induam salutari* (2) ! Eh bien, tel il fut à Châtillon, tel il se présente à nos regards jusqu'à la fin de sa vie ; ce qu'il vient d'accomplir au fond de la Bresse, est comme le premier pas de cette longue carrière de missions, qui

---

(1) Ps. cxxxi, 15.

(2) Ps. cxxxi, 16.

au xviie siècle ont renouvelé la face de la France, se sont étendues chez les nations voisines, et ont arrêté l'incendie qui, d'une manière si effrayante, se développait au souffle de l'hérésie du siècle précédent.

La voix du cardinal de Bérulle le rappelle à Paris. Là, jouissant de toute la confiance de la famille de Gondy, il profite de la haute position du chef de cette maison, qui remplit la charge de général des galères, pour pénétrer dans les sombres cachots de la Conciergerie, où l'on entassait pêle-mêle des multitudes de condamnés, qui dans la plus profonde pénurie, dans le plus effrayant désespoir, attendaient leur départ pour les ports du royaume.

Le cœur du bon prêtre saigne à la vue de cette étroite enceinte qui renferme de si grandes infortunes ; il voit dans ces misérables, il voit les images dégradées de son Dieu ; leurs cris, leurs blasphèmes, leurs souffrances, voilà, dit-il, son poids et sa douleur ; il n'a de repos que quand, fort de la protection du marquis de Gondy, aidé par sa digne, sa vertueuse épouse, il a pu ouvrir à ces infortunés un asile où ils reçoivent abondamment les secours corporels et spirituels que la société leur refusait.

La société, comme un fleuve orgueilleux, rejette impitoyablement sur ses berges ce qui gêne, ce qui souille la limpidité de son cours ; mais Vincent ne se laisse aller au courant du fleuve que pour porter ses regards inquiets sur les deux rives ; il ne laisse pas errer ses yeux sur les sites verdoyants, sur les riches perspectives, sur les brillants horizons, non, son œil est fixé sur la fange des bords ; et quand il aperçoit quelque signe de vie dans l'immonde écume, alors il s'élance de la barque qui le porte, il s'attache à la rive d'où sont partis des cris de détresse, et là, sous l'haleine brûlante de sa charité, se redressent des spectres glacés, reviennent des espérances, se raniment des cadavres!

Après ce qu'il fit à Paris, que fera-t-il quand Louis XIII, émerveillé de l'ordre qu'il a établi dans les prisons de la capitale, l'aura nommé aumônier général des Galères? Va-t-il annoncer cette nomination à tous les ports du royaume? Va-t-il établir de sages règlements, donner ses ordres? Non, M. F., il continue les bonnes œuvres qu'il a commencées; il semble pendant longtemps ne pas songer à sa nouvelle dignité, il y songe cependant, mais il ne veut rien laisser au hasard, il ne veut rien entreprendre qu'après avoir vu de ses propres yeux. Tout-à-coup, sans dire ses intentions, il se rend à Marseille. A Marseille, M. F., personne ne le connaît, mais lui, il sait que là se trouve réuni ce que le monde renferme de plus misérable, de plus abandonné. Comme Josué, avant d'entreprendre le siége de Jéricho, se promène seul autour des remparts, considérant les endroits faibles de la place, ou plutôt comme Néhémias, avant d'user du droit qu'il a obtenu de rebâtir la cité de David, erre pendant la nuit le long des murailles désolées de Jérusalem, et à la vue de ses ruines lamentables, sent son cœur d'Israélite bondir, se briser dans sa poitrine, de même, M. F., la grande âme de Vincent de Paul, planant du rivage sur les profondes phalanges des galériens, s'entr'ouvre, se déchire, se dilate, et semble vouloir les envelopper, les emporter avec elle dans le séjour de l'innocence, de l'espoir et de la paix.

Le voyez-vous, allant de chaîne en chaîne, analysant pour ainsi dire toutes les meurtrissures, pesant toutes les angoisses, toutes les douleurs?... Il est donc vrai que la charité chrétienne a aussi, comme les temps fabuleux, ses légendes impossibles. Impossibles, M. F., il n'y a rien d'impossible aux Saints que l'Esprit de Dieu pousse et conduit; gardons-nous de mesurer leurs sacrifices, leur héroïsme, sur la part étroite de terrain que nous assignons à la vertu.

Oui, dans ces gémonies de la douleur, il a aperçu quelque chose de plus terrible que la mort, il a vu un forçat s'abandonner à toute la fureur de son désespoir, il a vu des êtres à figure humaine se rire des sanglots d'une femme éplorée, des cris plaintifs de ses pauvres enfants, repousser leurs efforts, et entraîner le malheureux; il a compris que ce forçat était le père d'une famille délaissée, d'un regard il a sondé la profondeur de cet abîme; et lui, aumônier général des Galères, mais inconnu, mais transporté hors de lui-même, il a touché par ses larmes et ses supplications l'homme préposé à la garde des condamnés, et il a porté les chaînes du galérien, rendu par ce sublime échange à sa famille et sans doute à la vertu!

Cependant, on s'inquiète de sa disparition, on le cherche, M. F., on le cherche dans la région des douleurs, on le cherche dans les réduits de la misère et de l'opprobre, on le cherche parmi les pauvres, les lépreux, les criminels, *cum iniquis reputatus est* (1)! Et ce n'est qu'au bout de trois semaines, que ceux qui sentent combien il est nécessaire au bien géné-

---

(1) S. Marc., XV, 28.

ral, le découvrent dans la chaîne des galériens, et mettent un terme à son ignominie volontaire! Quel spectacle! Faut-il en croire ses yeux? Ah! sans doute, M. F., le froid calcul de notre égoïsme rend invraisemblables, inadmissibles certains dévouements, néanmoins, le fait est incontestable, et le récit du pieux Abelly, évêque de Rhodez, disciple de notre Saint, et l'histoire racontée dans le procès de la canonisation, et la tradition populaire de Marseille, et la rougeur qui montait au front de Vincent, quand on lui rappelait cette époque de sa vie, et les plaies de ses jambes meurtries par le fer dont il conserva jusqu'à la mort les glorieuses cicatrices, et l'immensité de son cœur, tout me force à croire que les Anges, de leurs célestes parvis, ont vu passer ce magnifique tableau de Saint Vincent de Paul déjà couronné de l'auréole de toutes les vertus chrétiennes, portant les chaînes du forçat, assis à sa place sur le banc des rameurs, et montrant aux disciples du Dieu crucifié ce que peuvent inspirer l'héroïsme de la charité, la soif des souffrances, la sainte folie de la croix !

Ce fut dans le port de Bordeaux où l'on avait amené les galères royales, qu'il entreprit, M. F., cette mémorable mission dont les fruits furent si abondants, dont les heureuses conséquences furent si durables, que l'on est forcé de reconnaître dans la conduite de la Providence à l'égard de ses saints, quelque chose de profondément mystérieux qui se joue de nos vaines pensées; oui, la prière, la résignation, l'espérance vivifiant les âmes de ces galériens, forcenés blasphémateurs, nous enseignent que le Saint de Dieu a voulu, dans le port de Bordeaux, mettre à profit la science qu'il avait acquise à la sueur de son front dans la chiourme de Marseille !

De retour dans la capitale, Vincent a hâte d'ouvrir de nouvelles carrières à son zèle. A l'activité de ses désirs, ceux qui l'ont admiré dans les années de ses épreuves, commencent à voir que le même bras qui a pu long-temps arrêter son essor, va se charger de briser les obstacles que les passions des hommes et les malheurs du temps apportent à son zèle pour Dieu, à sa charité pour ses frères. Car, ce sont ces deux inspirations qui le poussent, qui l'animent, qui le soutiennent dans sa voie ! Il n'a pas fallu longtemps à des âmes comme celles de Saint François de Sales et du cardinal de Bérulle pour lire dans l'âme de Vincent : ils entrent dans tous les projets du saint prêtre, et celui-ci ne fait rien sans les consulter, car il avoue que Saint François de Sales, par sa douceur, sa modestie, le charme de sa vertu, lui retrace l'image du Fils de Dieu vivant parmi les enfants des hommes, et que le Cardinal de Bérulle est l'ange du bon conseil. Aidé du concours de ces illustres Prélats et de tous ceux qui ont à cœur la gloire de Dieu et le salut des âmes, Vincent de Paul a su communiquer à quelques saints prêtres le feu qui l'anime ; à la tête de cette pieuse phalange, qui se développera quelques années après sous le nom des Prêtres de la Mission, il parcoure plusieurs Diocèses, évangélisant les campagnes, formant partout de nouveaux apôtres, réveillant en même temps et la foi des peuples, et le zèle du Sanctuaire, et l'espérance des Pontifes. Les Diocèses de Lyon, de Paris, d'Amiens, de Beauvais, de Chartres, du Mans, admirent la fécondité de son ministère ; il

semble vouloir répondre à toutes les nécessités à la
fois : est-il fixé dans une contrée, il y donne tout son
cœur, toute son énergie ; et pourtant ses désirs se trans-
portent par sa pensée dans d'autres provinces, il détache
quelques-uns de ses prêtres, leur souffle son esprit, les
anime de son ardeur, et les envoie au travail de Dieu.

Bien loin de se complaire dans ses premiers succès,
M. F., il voit, hélas, que les ouvriers manquent à la
vigne, il frémit dans son cœur en méditant cette parole de
J.-C. : « *La moisson est grande, mais les moissonneurs sont
en petit nombre*(1)» Ah ! il prie le père de famille de mul-
tiplier ses serviteurs. Tourmenté de cette pensée, en-
flammé du zèle de la maison de Dieu, il jette à Paris
les fondements de son Institut de Saint-Lazare, il y
établit des conférences ecclésiastiques, il y appelle autour de lui les jeunes clercs, les ordinands, les prêtres
de la capitale, et plus tard des colonies de lévites en-
voyés du fond des provinces ; et, M. F., comme surexcité
par les difficultés mêmes de son entreprise, il multi-
plie ses prières, ses efforts. C'est alors que l'on voit
découler de ses lèvres, en dépit de son humble simplicité, la profonde connaissance des Écritures, la juste
appréciation des faiblesses humaines, la science de Dieu,
le langage de la vraie sagesse ; quelle modération,
quelle prudence, mais aussi, quelle force, quel glaive
à deux tranchants, qui pénètre dans les replis les plus
secrets de la conscience lévitique, et qui sépare le
vieux levain de l'habitude, du pur froment que J.-C.

---

(1) S. Matth., ix, 37.

dépose dans le cœur de son prêtre, le jour de sa première messe.

Vincent de Paul eut la consolation de voir la rosée du Ciel tomber sur ce précieux terrain ; il comprit que l'hérésie trouverait une barrière infranchissable sur les degrés du sanctuaire, que les malheurs du temps, que les succès de Luther passeraient, et qu'à l'heure des épreuves, l'église de France, la religion de Charlemagne et de Saint Louis, triompherait toujours des efforts de l'abîme. Car il a fait passer dans tous les cœurs le feu qui le consume ; il a retrouvé, il a rajeuni, il a fait circuler dans toutes les âmes l'antique sève sacerdotale. Que ne puis-je ici rappeler les noms de tous les doctes prélats, de tous les missionnaires infatigables, de tous les dévoués pasteurs qui sortirent de cette école !

Cette sainte réunion, au dire de Bossuet qui en faisait partie, animée par le pieux Vincent, *pium cœtum animabat Vincentius,* porte bientôt dans toute la France des fruits de salut ; les évêques s'empressent de l'instituer dans leurs Diocèses, ils s'adressent à Vincent de Paul, et les prêtres de Saint-Lazare ne suffisant pas partout à l'empressement des pontifes, partout cependant Vincent apparaît à l'Eglise de Dieu comme un exemple élevé sur la montagne, la pensée de foi échappée de son cœur pénètre les âmes sacerdotales, le vœu du Concile de Trente est enfin réalisé, de toutes parts s'élèvent des Séminaires, se forment des conférences ecclésiastiques, se prêchent des missions et des retraites ! Et l'on ne sait ici, **M. F.,** ce qu'il faut le plus admirer, ou de la miséricorde du Seigneur qui à ces vastes entreprises accorde de prodigieux succès, ou du zèle infatigable du saint prêtre qui les obtient, ou de sa profonde humilité qui cherche à en cacher l'origine !

Mais, illustre Vincent, non, tu ne peux plus échapper à la gloire de tes œuvres ; et d'ailleurs, ces œuvres ne sont-elles pas le triomphe de la loi sainte, l'espoir des tribus, le bouclier d'Israël ? Va donc, obéis à la voix du monarque ; le descendant des Fils aînés de l'Eglise t'appelle à son lit de mort, va, toi qui a su fortifier par la bonne nouvelle, tant de malheureux, tant de délaissés, tant d'esclaves, tu sauras bien soutenir la tête d'un roi mourant et ouvrir à son âme fatiguée l'entrée de l'éternel repos !

Il y a, M. F., quelque chose de solennel et de patriarcal, dans la dernière entrevue de Louis XIII (1) et de Vincent de Paul. Voyez le descendant des Rois Très-Chrétiens qui, avant d'aller occuper sa place dans la sépulture de ses pères, jette un suprême regard sur la France ; il prévoit les maux qui vont l'accabler, et quoique tranquille pour lui-même, car dans ces jours difficiles, il a marché en présence de Dieu, il s'inquiète, il frémit, il pleure ; et le berger des Landes, l'opprimé de Tunis et de Marseille, le relève, le soutient, lui montre le ciel ouvert, et prenant dans ses bras l'héritier du trône, il réjouit l'agonie du Roi qui va mourir, par le spectacle de la vertu bénissant à son berceau le règne qui va commencer ! Mais écoutons : le monarque se relève avec effort, il va faire entendre sa dernière volonté : d'une voix mourante, il ordonne à Anne d'Autriche de suivre

---

(1) Louis XIII mourut à Saint-Germain-en-Laye, le 14 mai 1643.

fidèlement, pour les affaires de l'Eglise et le choix des Evêques, les conseils de Vincent de Paul! C'est bien, Roi de France, tu ne peux plus, sur le bord de la tombe, tu ne peux plus conjurer les malheurs de la patrie, lutter contre l'ambition des princes, contre les fléaux qui menacent ton peuple, mais au moins, tu peux, par ton dernier soupir, confier la foi de la nation à la conscience de Vincent de Paul! C'est bien, c'est digne d'un fils de saint Louis, digne du roi que l'histoire a surnommé le Juste, et qui a mis sa couronne de France sous la protection de la sainte Vierge!

Je me sens contraint, M. F., de me borner dans cette immense carrière. Cependant, pouvons-nous ne pas arrêter nos regards sur Vincent de Paul apparaissant, au milieu des guerres et des désordres de la minorité de Louis-XIV, comme une seconde providence? Qui peut opposer une digue à tant de désastres? répondre à tant de nécessités? Dans ce royaume qui semble se complaire dans sa ruine, je ne vois que des princes qui se combattent, que des frères qui se déchirent, que des fléaux qui s'accumulent de toutes parts, comme pour hâter la destruction d'un peuple. Qui songe au milieu de ce vertige, à calmer les angoisses de la multitude, à la consoler dans ses douleurs, déplorables conséquences de ces mauvais jours? Vincent de Paul, M. F., il reste debout sur ces ruines! Mais, messager de la Providence, peux-tu seul combattre tant de misères amoncelées? *Nonne tu qui solus es* (1)? Peux-tu calmer la fureur des puissants? Ar-

____

(1) Job, XIV, 4.

rêter les horreurs de la guerre civile? Peux-tu donner des aliments à ces milliers d'infortunés dont les discordes publiques ont compromis l'existence? Oui, M. F., il le peut, car il a mis sa confiance dans le Seigneur, il s'est écrié : « *Respice in me, quia unicus et pauper sum ego* (1), Seigneur, jetez sur moi votre puissant regard, car je suis seul et pauvre! » Puis, triomphant de tous les obstacles, il se rend à Saint-Germain, et va tenir au pied du trône des discours peu flatteurs pour l'oreille des ministres; mais c'est le langage du prêtre célèbre par sa foi, sa modestie, son dévouement! Qui lui a donné le droit de combattre des mesures arrêtées? de condamner la marche des ministres, de parler de clémence et de douceur à ceux qui tiennent les rênes du pouvoir? Ce droit, M. F., il l'a conquis par son désintéressement, son abnégation, par les prodiges de sa charité. On sait que les paroles qui tombent des lèvres de Vincent, lui sont dictées par son cœur, que ce cœur est brûlant de l'amour de Dieu et des hommes; on s'empresse de se conformer à ses conseils, et d'arrêter des ordres qui sans doute auraient comblé la mesure des calamités publiques.

Il rentre à Paris, et y trouve sa maison de Saint-Lazare pillée par la multitude, occupée par une soldatesque furieuse. On avait mal interprété sa présence à la Cour, on avait suspecté ses intentions, et ces malheureux pour lesquels il venait de se décider à une démarche si pénible, le traitaient en ennemi déclaré. N'importe,

---

(1) Ps. xxiv, 16.

rien ne peut le décourager, tant que durent les troubles, il distribue nuit et jour au peuple de la ville et des campagnes ce qui lui reste de blé, de vêtements, de subsides, de troupeaux ; il dissipe en aumônes tout ce qui assurait l'avenir de ses pieux établissements. Il comptait sur Dieu, M. F., et il disait que lorsque la tourmente serait passée, celui qui avait pu lui envoyer l'abondance, saurait bien réparer sa détresse.

Raconter tout ce que saint Vincent de Paul a fait pour le soulagement de l'humanité souffrante, vous le comprenez, M. F., ne peut convenir aux bornes de ce discours. Contentons-nous de dire un mot de son admirable institut des Filles de la Charité. Ah ! c'est ici qu'il faut reconnaître que Dieu seul a pu donner à une créature assez de lumières, assez de puissance, assez d'amour de ses semblables, pour fonder un ordre à jamais digne des regards du Ciel, et de la reconnaissance du monde entier ! Vincent a pu élever des hôpitaux pour toutes les douleurs, il a pu compter les innombrables plaies de l'humanité, et partout leur ouvrir des asiles. Eh bien, ces asiles construits, dotés par ses soins, il les a pour toujours garantis de la destruction, il les a fixés au sol, pour ainsi dire, car il leur a donné pour gardienne, pour protectrice, pour ange tutélaire, la pieuse sensibilité de la vierge chrétienne ! Il a donné des mères et des sœurs à ceux qui n'ont plus les consolations de la famille, il a donné des servantes à ceux que la société abandonne, que la misère abat, que brise le désespoir ! Il a envoyé parmi nous cet ange de bonté, de prudence et de force, que vous voyez traverser sans crainte les quartiers obscurs et fétides, qui va chercher dans les retraites les plus sombres, les immolés, les victimes de l'irréligion, du luxe et du travail, et qui avec simplicité, empressement, allégresse, remue la paille des malheureux, soigne leurs maladies, partage leurs inquiétudes, calme leurs douleurs, fait renaître l'espoir au sein du trépas, et tout en posant la main de la charité sur les plaies du corps, rappelle en souriant au pauvre malade qu'il doit aimer le bon Père que tous nous avons dans les Cieux !

Mais un cri déchirant, parti du plus profond abîme des douleurs humaines, a résonné dans le cœur de Vincent de Paul, c'est le cri de ces innocentes créatures, tristes fruits du désordre, et que la honte repousse loin, bien loin du sein qui leur a donné le jour. Que faire devant cette triste, cette effrayante réalité ? Ah ! il faut au moins pour l'honneur de la patrie, il faut ouvrir un asile à ces êtres infortunés. Mais ne faut-il pas aussi, tout en sauvegardant ces frêles existences, opposer une digue à ce torrent du vice qui menace la famille et la société ?

Eh bien ! législateurs, moralistes, profonds penseurs, que ferez-vous ? Ah ! laissez agir Saint Vincent de Paul ! Là où la volonté royale, où les ressources de la police, où le génie des lois ont fait éclater leur insuffisance, il va manifester la puissance de sa charité par un institut que le monde entier connaîtra, soutiendra, imitera, et qui, tant que le vice ici-bas fera des victimes, tant que les hommes ressentiront les suites de la révolte primitive, tant qu'il sera vrai de dire que ce monde est un monde de péchés, restera comme le plus beau monument de la compassion chrétienne.

Mais, que vois-je?... Les premiers efforts de notre Saint ne sont pas couronnés de succès. Lui, dont toutes les œuvres sont inspirées et bénies par le Seigneur, trouve pour celle-ci des obstacles presqu'invincibles. Les dames de la Confrérie de Charité, sollicitées par Vincent de Paul, entreprennent bien quelques fondations partielles, mais enfin, arrive le jour du découragement; des âmes comme celles des de Miramion, des de Traversai, des de Marillac, des d'Aiguillon s'épouvantent! A la vue de ce gouffre béant, de cette citerne sans fond, les regards se troublent, les cœurs se resserrent, et on commence à se dire qu'il ne faut pas tenter le Seigneur! Le Saint lui-même se sent ébranlé; il prie longtemps, il médite aux pieds des autels, et enfin il se dit que l'ambition du bien ne doit pas plus que l'ambition du mal (ce sont ses paroles), connaître des limites, s'effrayer des obstacles! Bientôt, il convoque une assemblée générale, il fait placer aux pieds de leurs protectrices quelques-unes de ces innocentes créatures. Et puis, le voyez-vous sous le poids de cette mission, de son importance, de ses difficultés, le voyez-vous s'acheminer vers la tribune sainte? Dans le cœur du bon prêtre résonnent tous les cris, tous les gémissements de ces chétives créatures, sa sensibilité les traduit par ces paroles du Psaume : « Mon père et ma mère m'ont abandonné... » Pénétré de ces plaintes lamentables, son cœur plus que maternel déborde de compassion, et laisse tomber ces paroles éloquentes de tristesse et de charité :

« Or sus, Mesdames, la compassion et la charité vous
» ont fait adopter ces petites créatures pour vos enfants.

» Vous avez été leurs mères selon la grâce, depuis que
» leurs mères selon la nature les ont abandonnées ;
» voyez maintenant si vous voulez aussi les abandonner.
» Cessez d'être leurs mères pour devenir aujourd'hui
» leurs juges. Leur vie et leur mort sont entre vos
» mains ; je vais prendre les voix et les suffrages...
» Il est temps de prononcer leur arrêt, et de savoir
» si vous n'aurez plus de miséricorde pour eux..... »

A ces paroles, la charitable assemblée ne répond d'abord que par ses sanglots, puis d'une voix unanime, on décide que l'œuvre sera continuée. Dieu bénit cette pieuse fondation condamnée dans le premier moment comme impraticable, et au bout de quelques mois, de nombreux asiles ouverts aux enfants trouvés, non-seulement à Paris, mais dans plusieurs villes du royaume, attestent que rien ne peut résister au zèle ardent et pur de l'homme de Dieu.

Il faut s'arrêter, M. F., rempli de l'amour de Dieu et de ses semblables, notre Saint ne connaît pas de bornes à sa puissance, tandis que celui qui tente de la célébrer cette puissance, se trouve vaincu par l'immensité de son sujet. Cependant, en rappelant quelques-uns des faits que je n'ai pas même effleurés, on pourrait composer un sublime éloge de Vincent de Paul, on pourrait prendre pour texte, cette parole de l'Ecclésiastique : *Dilectus Deo et hominibus* (1). Il est chéri de Dieu et des hommes !

Chéri de Dieu : Il a fait retentir son nom sur les rivages

---

(1) Eccles. XLV, 1.

les plus lointains, il a envoyé ses missionnaires dans des îles où aucun apôtre n'avait encore pénétré, au sein des empires les plus distants de la civilisation et de la vérité ! Il a construit des églises, et les temples obscurs des hameaux, il les a ornés des richesses enlevées à l'Egypte ! Il a ouvert des asiles aux âmes fatiguées du monde, aux Madeleines pénitentes.

Chéri des hommes : Celui qui naquit sous le chaume a été la Providence visible de son siècle ; devenu par la confiance qu'inspirait sa vertu, plus puissant, plus riche que les rois, il a lutté dans plusieurs provinces, contre les désastres réunis de la peste, de la guerre et de la famine ; pendant vingt années consécutives, il a nourri trente villes et trois cents bourgs ou hameaux !

Chéri de Dieu : Il a défendu la Foi contre les attaques évidentes du Calvinisme, et contre les menées tortueuses des disciples de Jansénius ; partout il a poursuivi l'esprit d'erreur, il a lutté contre le fanatisme de la persécution, et son nom rappelle encore aux fervents Irlandais et aux catholiques du Liban, tous les efforts qu'il fit pour soutenir leurs églises éprouvées !

Chéri des hommes : Dans la vaste étendue de son cœur, toute angoisse, tout déchirement, tout désespoir ont trouvé un abri. L'enfant à la mamelle, le vieillard débile, le criminel torturé par ses remords, les âmes anéanties, les cœurs brisés d'amertumes, il les a relevés, soutenus, consolés et nourris. Pas de larmes dont il n'ait cherché à tarir les sources, pas de chagrins dont il n'ait été le puissant consolateur !

Chéri de Dieu : Heureux, dit l'Esprit-Saint, ceux qui meurent dans le Seigneur, car leurs œuvres les suivent ; et Vincent de Paul, accablé de vieillesse et de fatigues, a quitté le sillon où le Seigneur l'avait placé, en laissant derrière lui une trace longue et impérissable de sa charité, de ses travaux, de ses bonnes œuvres !

Chéri des hommes : Tout ce qu'il a entrepris pour le soulagement des pauvres, s'affermit de jour en jour, résiste au pouvoir destructeur des temps et des révolutions. Chacune de ses entreprises porte ce caractère de force et de durée qui se lit sur les œuvres de Dieu. Son esprit qui vit encore ici-bas, perpétue parmi nous le règne de la miséricorde, le culte de la souffrance.

Ah ! M. F., ne laissons pas périr entre nos mains ce riche héritage de vertus ! Que ce grand modèle de dévouement, de sacrifices, nous excite sans cesse à détruire en nous la recherche de nous-mêmes, la triste disposition à l'égoïsme, la soif du bien-être, des richesses, des plaisirs, si contraire à la fraternité, à la charité chrétiennes ! Ce modèle, M. F., c'est à nous que le Ciel le propose, car si Vincent de Paul est un des plus grands saints de l'Église, il est aussi un des plus beaux noms de la France, si dans Saint-Pierre de Rome, on admire sa statue, on retrouve son souvenir dans le cœur de tout Français.

Souvenez-vous, grand Saint, que nous sommes les enfants de ceux que vous aimiez, et qu'à ce titre, nous aussi, nous avons droit à votre amour. Du sein de la gloire où vos vertus vous ont placé, jetez un regard favorable sur votre ancienne patrie, soyez toujours son protecteur et son père! Conservez-lui l'amour et le zèle de la charité que vous lui avez donnés. Préservez-la de la corruption des vices que vous avez combattus, et du fléau des erreurs que vous avez poursuivies. Sauvez-la des catastrophes qui peuvent encore la menacer!

Eh! M. F., il est impossible que le souvenir de Vincent de Paul vous laisse indifférents à l'œuvre sainte que ses enfants vous proposent.

J'en suis convaincu, l'appel qu'ils font en ce jour à votre charitable coopération, au nom du héros de la charité, sera entendu, sera compris par vos cœurs!

Une offrande abondante pour les pauvres, faite aux pieds des autels du Dieu de miséricorde, est, je vous l'ai dit, le plus digne hommage que vous puissiez rendre à Saint Vincent de Paul ; et souvenez-vous, Chrétiens, qu'en apportant votre pierre à l'édifice de la charité que cet illustre Bienheureux a élevé si haut parmi nous, vous travaillez en même temps à l'édifice de votre Salut. Ainsi soit-il.

Saint-Germain. — Imp. de H. PICAULT, rue de Paris, 27.

Imp. H. Picault, à Saint-Germain. (1121)

BIBLIOTHEQUE NATIONALE DE FRANCE

3 7502 01048309 9

www.ingramcontent.com/pod-product-compliance
Lightning Source LLC
Chambersburg PA
CBHW061334050726

47595CB00005B/1928